Altes Rom

Soldaten, Götter, Spiele

Text von Dagmar Koopmann

Illustriert von Frithjof Spangenberg

Für Thomas,

der gerne wissen wollte,

was die Römer gegessen haben

---

www.bennyblu.de

Benny Blu auf den Spuren der Römer

Benny Blu macht mit seiner Klasse einen Ausflug in den Wald. Um zehn Uhr geht es los. Sie wollen mittags einen Picknickplatz erreichen.

Zur Mittagszeit kommen sie zu einer Waldlichtung. Der Lehrer sagt: „Wir machen jetzt Pause. Jeder sucht sich einen Platz. Bleibt bitte alle zusammen in der Nähe der Lichtung!"

Aber Benny Blu und Lena streifen schon bald neugierig durchs Gebüsch. Da stolpert Benny über einen großen Stein. „Hoppla, was ist denn das?“, fragt Benny verwundert.

„Das sind doch nur alte Steine“, meint Lena. Benny schüttelt aufgeregt den Kopf. Er ruft: „Nein, das ist eine Mauer! Schau, da hinten geht es noch weiter!“

Nun kommt auch der Lehrer zu ihnen. „Na, ihr habt das Geheimnis schon entdeckt! Das sind die Reste eines Römerlagers." Benny staunt.

„Wie kamen die Römer hierher?", will er wissen. „Wie lebten sie? Welche Götter verehrten sie? Wie war ihre Sprache? Welche Kleidung trugen sie? Und was haben sie gegessen?"

Alte Stadt am Tiber

Rom ist eine Stadt in Italien. Sie liegt am Fluss Tiber und ist schon über 2.500 Jahre alt. Römische Schriftsteller erzählen uns davon, wie die Menschen im alten Rom gelebt haben.

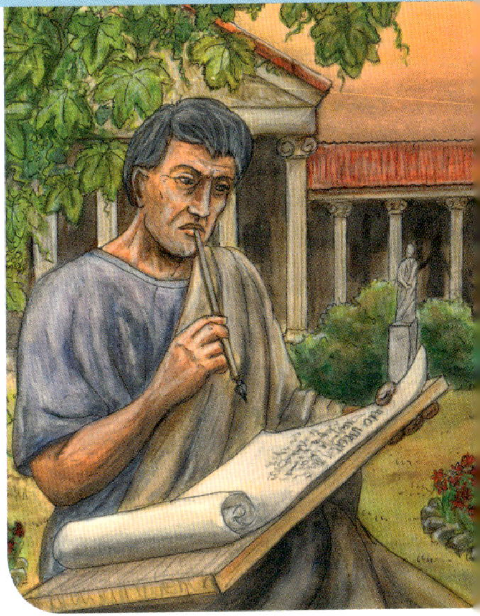

Benny Blu Wissens-Tipp

Forscher haben viele Gebäudereste und Gegenstände aus der Römerzeit entdeckt. Deshalb wissen wir heute einiges über den Alltag der Römer.

Siedler am Fluss

Als Rom entstand, lebten drei Volksstämme am Tiber: Latiner, Sabiner und Etrusker.

N
W
O
S
Etrusker
Sie lebten nördlich des Tibers.
Sabiner
Sie wohnten östlich vom Tiber.
Tiber
Latiner
Sie besiedelten die fruchtbare Ebene im Westen.

Die Etrusker waren gute Handwerker und Händler. Die Sabiner und Latiner lebten hauptsächlich von der Landwirtschaft.

Rom wird gegründet

Angeblich entstand Rom um 753 vor Christus. Wissenschaftler vermuten, dass es erst 150 Jahre später eine richtige Stadt gab.

Benny Blu Wissens-Tipp

Der Sage nach wurde Rom von Romulus und Remus gegründet. Eine Wölfin soll die Zwillinge groß gezogen haben. Romulus gilt als erster König von Rom. Nach ihm wurde die Stadt benannt.

Die sieben Hügel Roms

Rom dehnte sich auf die umliegenden Hügel aus. Die berühmtesten heißen: Palatin, Kapitol, Quirinal, Viminal, Esquilin, Caelius und Aventin.

Jupitertempel auf dem Kapitol

Benny Blu Wissensfrage

Wenn du es nicht mehr genau weißt, schau noch einmal auf Seite 6 nach!

Welche dieser Volksstämme waren bei der Gründung Roms nicht dabei?

A Wikinger B Etrusker C Indianer

Ein Weltreich entsteht

Die verschiedenen Volksstämme vermischten sich. Die römische Bevölkerung entstand. Erst regierten Könige, dann Senatoren und später Kaiser das Römische Reich.

Die römischen Machthaber führten ständig Kriege. So vergrößerten sie das Reich. Sie herrschten bald über viele Länder – vor allem in Europa. Rom wurde zur Weltmacht.

Das römische Heer

Um Gebiete zu erobern, brauchten die Römer ein großes Heer. Es war gut ausgebildet. Römische Soldaten nannte man Legionäre.

Legionäre

Die römische Armee bestand aus 25 bis 35 Legionen zu je 6.000 Mann. Nur römische Bürger durften Legionäre werden.

Die Bewohner Roms

Erst konnten nur Kinder verheirateter römischer Eltern römische Bürger werden. Später verlieh man das Bürgerrecht auch an Nichtrömer.

Es gab den reichen Adel und das einfache Volk.

Sklaven

Auch Sklaven lebten in Rom. Sie mussten für ihre reichen Herren ohne Lohn arbeiten. Sklaven hatten keine Rechte.

Römische Götter

Die Römer verehrten viele Götter. Die drei wichtigsten waren Jupiter, Juno und Minerva.

Jupiter

Er war der höchste Gott. Jupiter wurde mit einem Adler oder einem Blitz dargestellt.

Juno

Die höchste Göttin war Juno. Sie galt als Beschützerin der Frauen und der Ehe. Sie wurde häufig mit einem Pfau gezeigt.

Minerva

Die Göttin der Weisheit wachte über Schulkinder und Soldaten. Sie wurde oft mit Helm, Lanze, Schild und einer Eule abgebildet.

Viele Beschützer

Die Römer verehrten viele Hausgötter. Türen und Tore zierte oft der doppelgesichtige Janus. Der Monatsname Januar leitet sich von ihm ab.

Priester als Beruf

Priester waren im alten Rom sehr angesehen. Im Hauptberuf waren sie meist Politiker.

Im Dienste Jupiters

Der Priester des Gottes Jupiter war der wichtigste. Er verrichtete den Tempeldienst. An Feiertagen durfte er keiner Arbeit zusehen. Ringe zu tragen war ihm verboten.

Opfertisch

Priesterinnen

Vesta wurde als Göttin des Herdfeuers verehrt. Ihr dienten Priesterinnen, die so genannten Vestalinnen.

Pantheon

Das Pantheon war ein Tempel für alle Götter zusammen. Es steht seit fast 2.000 Jahren in Rom. Heute ist es eine christliche Kirche.

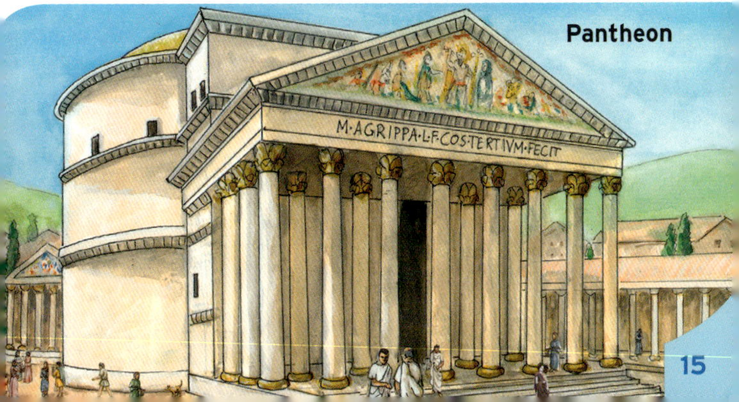

Pantheon

Häuser aus Stein

Nur reiche Familien wohnten in Stadthäusern. Das einfache Volk lebte in Mietshäusern.

Ein Stadthaus hatte zwei Stockwerke und einen Garten. Es war mit wertvollen Mosaikböden und schönen Wandgemälden verziert.

Wenn du es nicht mehr genau weißt, schau noch einmal auf Seite 11 nach!

Benny Blu Wissensfrage

Weißt du noch, wie man römischer Bürger wurde?

A Man musste viel Geld bezahlen.

B Die Eltern mussten verheiratet und Römer sein.

Klein und voll

Die Mietshäuser waren bis zu sieben Stockwerke hoch. Auf engem Raum lebten viele Menschen. Es war ziemlich schmutzig. Manche Häuser waren sehr schlecht gebaut. Oftmals stürzten sie ein.

Benny Blu Wissens-Tipp

Das antike Rom hatte etwa eine Million Einwohner, so viele wie Köln heute. Es war sehr eng und laut. Die Menschen warfen ihren Müll einfach aus dem Fenster!

Thermen

Um den Körper zu pflegen, gingen die Römer in öffentliche Badehäuser. Man nannte sie Thermen.

Zeitvertreib

Die Menschen badeten und aßen dort. Sie trieben auch Sport. Sie trafen ihre Freunde, lasen oder hörten Konzerte und Vorträge.

Aquädukte

Das Wasser für die Stadt und die Thermen kam aus den Bergen um Rom. Es wurde über Aquädukte in die Stadt geleitet. Aquädukt heißt „Wasserleitung“.

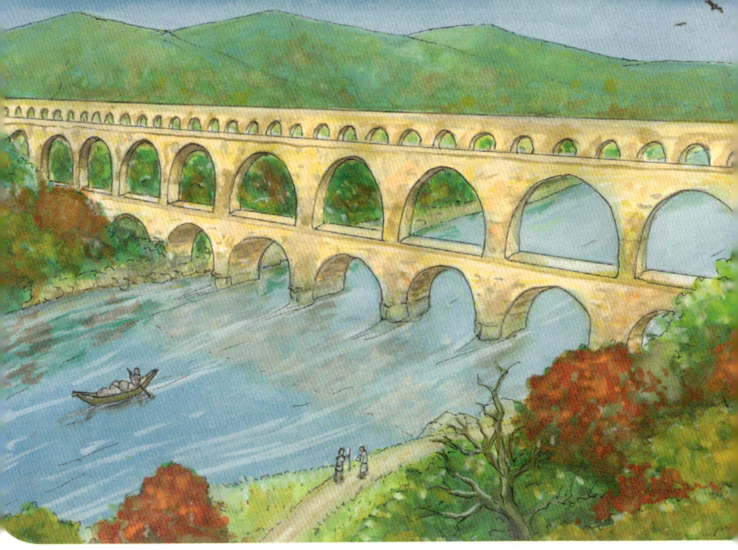

Wasserbrücken

Die Römer konnten das Wasser sogar über tiefe Schluchten leiten. Manche Aquädukte waren bis zu 40 Meter hoch.

Benny Blu Zuordnungs-Spiel

Weißt du noch, welche Götter die Römer verehrten? Mit welchen Tieren wurden sie dargestellt? Trage die Namen ein und verbinde Götter und Tiere richtig.

Alle Lösungen findest du auf Seite 32.

1

_ _ _ _ _ _ V _

A

2

_ U _ _ _ _ _ _

B

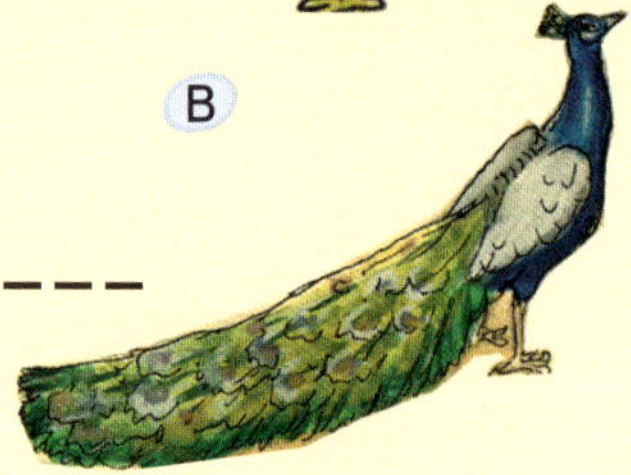

3

_ _ _ O

C

Die Sprache der Römer

Die Römer sprachen Latein. Heute begegnet uns Latein nur noch in Schriftform.

Man findet es auf Steintafeln, in alten Schriftrollen oder in Büchern.

Lateinische Wörter

Latein beeinflusst noch heute unser Leben. Viele lateinische Wörter wurden etwas verändert in die deutsche Sprache übernommen.

fenestra = Fenster

porta = Pforte

murus = Mauer

Benny Blu Lateinschule

Beeindrucke deine Freunde. Benny Blu verrät dir ein paar lateinische Redewendungen.

Alea iacta est.
Der Würfel ist gefallen.

Errare humanum est.
Irren ist menschlich.

Carpe diem!
Nutze den Tag!

Benny Blu Wissens-Tipp

Italienisch, Französisch und Spanisch gehören zu den romanischen Sprachen. Sie entwickelten sich direkt aus dem Lateinischen.

Römische Schulkinder

Grundschulen gab es im ganzen römischen Reich. Für wenig Geld lernten die Kinder lesen, schreiben und rechnen. Eine höhere Schule besuchten nur die Söhne reicher Eltern.

Pausenspiele

Römerkinder kannten die gleichen Spiele wie wir heute. Sie spielten Fangen, Verstecken oder Bockspringen.

Kleidung

Männer hatten ein knielanges Hemd an. Man nennt es Tunika. Bei besonderen Anlässen legten sie eine Toga darüber. Hosen gab es nicht!

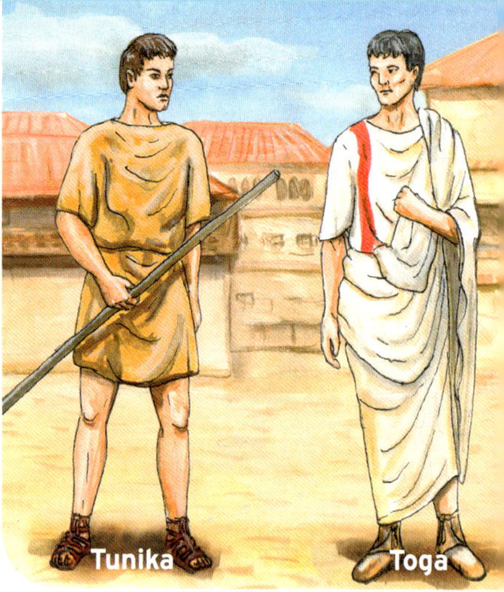

Frauen

Sie trugen ein langes, ärmelloses Kleid. Es heißt Stola. Darüber kam ein rechteckiger Mantelüberwurf, die Palla.

Essen und Trinken

Bei den Römern gab es Frühstück, Mittag- und Abendessen. Das Abendessen war die Hauptmahlzeit. Dazu tranken sie Wasser und Wein.

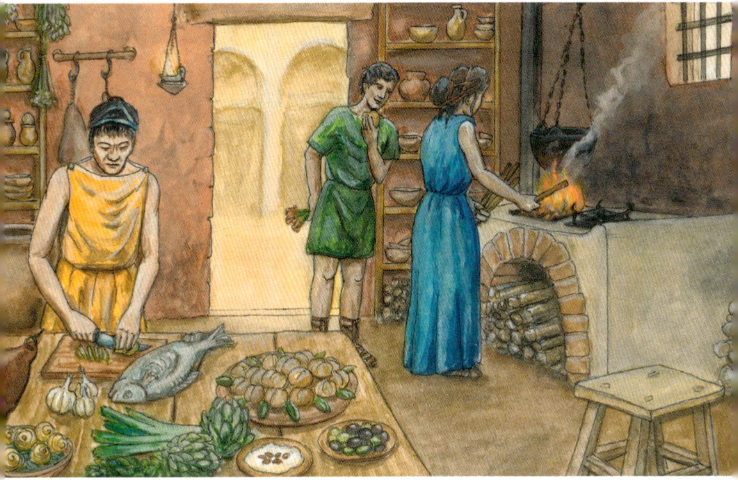

Arme Römer

Sklaven und ärmere Römer aßen immer einfache Speisen wie Brot, Getreidebrei und Eintopf.

Reiche Römer

Morgens gab es Weizenbrötchen mit Honig. Mittags kamen Eier, kalter Braten und Obst auf den Tisch.

Üppige Trinkgelage

Reiche Familien feierten am Abend häufig prächtige Feste. Feine Speisen und Getränke wurden im Liegen verzehrt. Tänzer und Musiker unterhielten die Gäste.

Gerichte aus Flamingozungen oder Pfauen waren sehr beliebt. Die Römer aßen auch sehr gerne Haselmäuse in Honig oder Elefantenrüssel.

Benny Blu Internet-Tipp

Möchtest du ein Römerbrot backen? Das Rezept findest du im Internet unter www.bennyblu.de.

Sport und Spiele

Um das Volk bei Laune zu halten, veranstalteten die römischen Herrscher Circus-Spiele.

Schwertkämpfe

In einer großen Arena, im Kolosseum, kämpften Gladiatoren gegeneinander. Sie traten auch gegen wilde Tiere an.

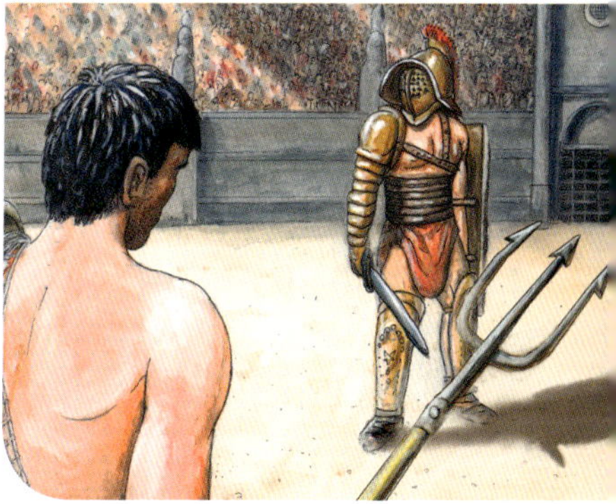

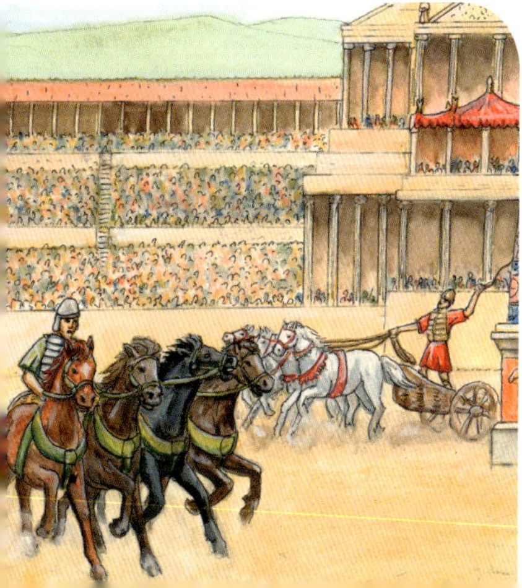

Wagenrennen

Sie fanden auf einer ovalen Rennbahn statt. Die meisten Wagenlenker waren Sklaven. Berufsfahrer verdienten sehr viel Geld.

Benny Blu Aktions-Tipp

Benny Blu zeigt dir, wie du ganz einfach eine Toga binden kannst. Dazu brauchst du nur ein Bettlaken. Probier's doch mal aus!

Und so geht's:

Falte das Bettlaken der Länge nach fünfmal.

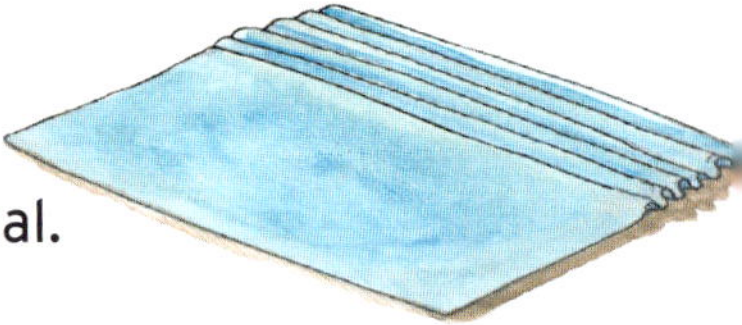

Lege das Laken über die linke Schulter. Der Rest fällt über den linken Arm glatt nach unten.

Greife nach dem herabfallenden Teil im Rücken und ziehe ihn unter der rechten Schulter nach vorne.

Diesen Teil wirfst du schräg über die linke Schulter nach hinten.

Die untere Ecke des Lakens ziehst du oben heraus. Das sieht echt römisch aus!

Bereits 130 Titel erschienen:

Benehmen – Bitte, danke, gern geschehen
Benny Blu kocht – Kinderleichte Rezepte
Delfine – Schlaue Schwimmer
Dinosaurier – Faszinierende Urtiere
Edelsteine – Funkelnde Schätze
Eisbären – Raues Leben in der Arktis
Eisenbahn – Von der Pferdebahn zum ICE
Elefanten – Dickhäuter mit Rüssel
Energie – Kraft aus der Natur
Erde – Unser Lebensraum
Feuerwehr – Löschen, retten, bergen, schützen
Flugzeuge – Vom Gleiter zum Airbus
Fußball – Team, Tor, Sieg
Geld – Zaster, Mäuse und Moneten
Germanen – Rätselhafte Vorfahren
Hirsche und Rehe – Scheue Waldbewohner
Igel – Stachlige Urtiere
Indianer – Wigwam und Büffeljagd
Katzen – Schnurren oder kratzen
Kinder – ... aus aller Welt
Körper – So funktioniert er
Lerntipps – Leichter lernen
Meeresfische – Geheimnisvolles Leben im Ozean
Mittelalter – Buntes Treiben in Burg und Stadt
Pferde – Schön, schnell und stark
Piraten – Räuber der Meere
Raumfahrt – Reisen ins All
Regenwald – Unsere grüne Lunge
Ritter – Lanze, Ross und Reiter
Sonnenenergie – Kraft aus der Sonne
Spinnen – Räuberische Seidenweber
Tiger – Gestreifte Großkatzen
Unterirdisch – Verborgene Welten
Vulkane – Feuer speiende Berge
Wald – Mehr als nur Bäume
Wasser – Aus der Quelle ins Glas
Weltall – Sterne und Planeten
Wetter – Regen, Wolken, Sonnenschein
Wikinger – Raues Seefahrervolk
Wilder Westen – Trecks, Goldrausch, Abenteuer
Wölfe – Leben im Rudel
Wüste – Mehr als nur Sand
Zoo – Tiere ganz nah

... und viele weitere Titel

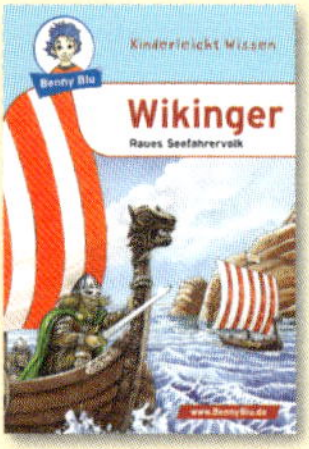

Alle Lösungen auf einen Blick

Damit du die Lösungen lesen kannst,
musst du das Buch drehen.

Von Seite 8:

Benny Blu Wissensfrage

Prima! A Wikinger und C Indianer haben nichts mit der Gründung Roms zu tun.

Von Seite 16:

Benny Blu Wissensfrage

Sehr gut! Antwort B ist richtig. Die Eltern mussten verheiratet und Römer sein.

Von Seite 20:

Benny Blu Zuordnungs-Spiel

Bravo! Richtig ist 1 C, 2 A, 3 B. Die Götter heißen MINERVA, JUPITER und JUNO.